Deportes espectaculares

Fútbol bandera

Resta

Dona Herweck Rice

Asesora

Colene Van Brunt
Educadora de matemáticas
Escuelas Públicas del Condado de Hillsborough

Créditos de publicación

Rachelle Cracchiolo, M.S.Ed., *Editora comercial*
Conni Medina, M.A.Ed., *Redactora jefa*
Dona Herweck Rice, *Realizadora de la serie*
Emily R. Smith, M.A.Ed., *Realizadora de la serie*
Diana Kenney, M.A.Ed., NBCT, *Directora de contenido*
June Kikuchi, *Directora de contenido*
Caroline Gasca, M.S.Ed., *Editora superior*
Susan Daddis, M.A.Ed., *Editora*
Karen Malaska, M.Ed., *Editora*
Sam Morales, M.A., *Editor asociado*
Kevin Panter, *Diseñador gráfico superior*
Jill Malcolm, *Diseñadora gráfica básica*

Créditos de imágenes: págs.12–13 Derrick Neill/Dreamstime; pág.18 Blulz60;
todas las demás imágenes provienen de iStock.

Library of Congress Cataloging-in-Publication Data

Names: Rice, Dona, author.
Title: F?utbol bandera : resta / Dona Herweck Rice.
Other titles: Flag football. Spanish
Description: Huntington Beach, CA : Teacher Created Materials, 2019. |
  Series: Deportes espectaculares | Includes index. |
Identifiers: LCCN 2018055921 (print) | LCCN 2019001123 (ebook) | ISBN
  9781425823061 (eBook) | ISBN 9781425828448 (pbk.)
Subjects: LCSH: Flag football--Juvenile literature. | Subtraction--Juvenile
  literature.
Classification: LCC GV952.2 (ebook) | LCC GV952.2 .R5318 2019 (print) | DDC
  796.332/8--dc23
LC record available at https://lccn.loc.gov/2018055921

Teacher Created Materials

5301 Oceanus Drive
Huntington Beach, CA 92649-1030
www.tcmpub.com

ISBN 978-1-4258-2844-8

© 2020 Teacher Created Materials, Inc.
Printed in Malaysia
Thumbprints.23398

Contenido

Diversión para todos

Las personas de todo el mundo practican y ven deportes. En Estados Unidos, a algunas personas les gusta el **fútbol americano**. Es un juego rápido. Los jugadores pasan la pelota, corren y patean.

El fútbol es distinto al fútbol americano.

¡El fútbol americano es un juego rudo!

Adultos juegan fútbol bandera.

Existe otro tipo de fútbol. ¡Se llama fútbol bandera! Es un deporte divertido que casi todos pueden jugar.

Niños juegan fútbol bandera.

Fútbol bandera

El fútbol bandera usa la mayoría de las **habilidades** del fútbol americano. Los jugadores de ambos deportes deben ser rápidos. Deben correr y atrapar bien.

Hay 17 niños jugando fútbol bandera.
Hay 10 jugadores en el campo.
El resto está en la línea lateral.
¿Cuántos jugadores hay en la línea lateral? Usa las imágenes para resolverlo. Escribe una ecuación para demostrar tu razonamiento.

Los jugadores sostienen la pelota y corren. También pasan la pelota. Pero los dos deportes tienen una gran **diferencia**. En el fútbol bandera no hay **derribos**. En lugar de derribos, los jugadores jalan banderas.

Las banderas son tiras de tela largas y brillantes. Los jugadores las llevan en sus cinturones o **metidas** en la cintura. El otro equipo intenta jalar la bandera del jugador que sostiene la pelota.

Había 12 banderas en la línea lateral.
Algunos jugadores tomaron banderas
para usar durante el partido. Ahora hay
3 banderas en la línea lateral. ¿Cuántos
jugadores tomaron banderas? Dibuja o
coloca objetos en un modelo de parte-
parte-todo para resolverlo. Escribe una
ecuación para demostrar tu razonamiento.

Todo	
□	
Parte	**Parte**
□	□

Cómo se juega

Hay dos equipos en el juego. El equipo con la pelota intenta trasladarla por el campo. El otro equipo intenta detenerlo.

Un equipo anota llevando o atrapando la pelota en la zona final. Después de la **anotación**, un equipo tiene la oportunidad de ganar otro punto.

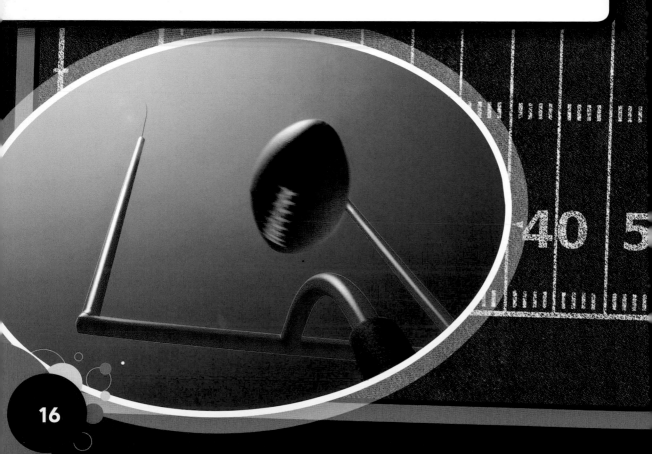

Los Delfines y los Tiburones están jugando un partido. Los Tiburones anotan 9 puntos. Los Delfines anotan 14 puntos. ¿Cuántos puntos más anotan los Delfines?

1. Usa el modelo de barras para resolverlo.

	?
Tiburones	9	
Delfines	14

2. ¿Qué ecuación puede ayudarte a resolver el problema?

A. $9 + 14 = \square$

B. $9 - 14 = \square$

C. $14 - 9 = \square$

Lo que hace falta

¡Para el fútbol bandera se necesita ser habilidoso! Los jugadores deben ser rápidos. Deben usar los pies, las manos y los ojos para seguir la pelota y anotar. Sobre todo, ¡deben querer divertirse!

⚙️ Resolución de problemas

¡El gran juego llegó! Responde las preguntas para seguir cuánto anotan los equipos.

1. Los Bears y los Lions comienzan el juego con 0 puntos cada uno. ¿Qué símbolo hace que la oración sea verdadera?

    $$0 \rule{2cm}{0.4pt} 0$$

    A. >   **B.** <   **C.** =

2. En el medio tiempo, los Bears tienen 7 puntos. Los Lions tienen 14 puntos. ¿Cuántos puntos menos tienen los Bears?

3. Al final del juego, los Lions tienen 3 puntos menos que los Bears. Los Bears tienen 20 puntos. ¿Cuántos puntos tienen los Lions?

4. ¿Quién gana el juego? ¿Cómo lo sabes?

Glosario

anotación: un tanto que vale seis puntos en el fútbol americano y en el fútbol bandera

derribos: la acción de hacer caer a otra persona al suelo

diferencia: estado de no ser igual

fútbol americano: un juego en el que dos equipos corren y pasan la pelota para anotar puntos

habilidades: cosas que pueden hacer las personas con entrenamiento y práctica

metidas: plegadas o guardadas

Índice

Soluciones

¡Hagamos matemáticas!

página 9:

7 jugadores;
17 − 10 = 7

página 13:

9 jugadores;
12 − 9 = 3

página 17:

1. 5 puntos

2. C

Resolución de problemas

1. C

2. 7 puntos

3. 17 puntos

4. Los Bears; 20 puntos es más que 17 puntos